Inhalt

Selber machen - die Finanzierung über eine Captive als clevere Alternative

Kernthesen

Beitrag

Fallbeispiele

Weiterführende Literatur

Impressum

GENIOS WirtschaftsWissen Nr. 07/2010 vom 07.07.2010

Selber machen - die Finanzierung über eine Captive als clevere Alternative

G. Dengl

Kernthesen

- Durch die Gründung oder den Erwerb einer Captive, d.h. einer an das eigene Unternehmen gebundenen Bank, macht man sich von der Kreditvergabe durch die Banken unabhängig und hat erweiterte Finanzierungsmöglichkeiten.
- Die Möglichkeit der Finanzierung über Captives gibt es schon länger, aber gerade im aktuellen Marktumfeld scheinen die spezifischen Vorteile dieser Konstruktion

besonders zum Tragen zu kommen.
- Captives müssen im Prinzip den gleichen gesetzlichen Anforderungen genügen wie Banken, was bisher deren Einsatz aufwändig gemacht. Nun deuten sich aber Erleichterungen an, die sich bereits ab Ende 2010 auswirken könnten.

Beitrag

Captive als attraktive Finanzierungsalternative im aktuellen Marktumfeld

Bei der Finanzierung haben es deutsche Unternehmen derzeit offensichtlich nicht leicht. Wenn man die aktuelle Diskussion verfolgt, verstärkt sich der Eindruck, dass die Kreditvergabe an Unternehmen derzeit nicht wirklich zufriedenstellend verläuft; immer wieder ist von einer "Kreditklemme" die Rede, ohne dass dies eindeutig zu belegen wäre. In der Tat ist es für Außenstehende nur schwer zu beurteilen, ob die Banken tatsächlich übervorsichtig sind, wie es ihnen die Unternehmen vorwerfen, oder ob die Kreditwürdigkeit der Unternehmen tatsächlich so gering ist, wie es die Banken behaupten. Fakt bleibt, dass manch vorhandener Kreditbedarf derzeit nicht von den Banken bedient wird. Wenden sich die Unternehmen dann direkt an die Finanzmärkte, so stellen sie fest, dass es auch hier teilweise schwierig wird: es scheint einfach nicht genügend Liquidität vorhanden zu sein, die angezapft werden könnte.

Eine derartige Situation ist aber weder neu noch einmalig, sie ist derzeit nur besonders ausgeprägt. Manche Unternehmen, darunter vor allem die Automobilhersteller, haben sich daher schon vor Jahren entschlossen, eine eigene Bank zu betreiben; manch andere, wie beispielsweise Siemens, sind gerade dabei. Diese "hauseigenen" Banken werden Captives (von englisch: "gefangen") genannt, weil ihre Muttergesellschaften sie in der Regel extra gründen oder kaufen, um die eigene Finanzierung zu optimieren. (2)

Es ist grundsätzlich auch möglich Versicherungsleistungen in Captives abzuwickeln; die überwiegende Begriffsverwendung von Captives bezieht sich aber auf solche, die eine Finanzierungsfunktion erfüllen, die also wie eine "Bank im Unternehmen" arbeiten. Die prominentesten Beispiele für solche Captives sind die hauseigenen Banken der großen Automobilhersteller. Sie erfüllen eine Doppelfunktion, da sie neben der Finanzierung des übergeordneten Unternehmens auch Finanzierungsdienstleistungen für Privatkunden und Autohändler anbieten. Es gibt aber auch Captives, wie die von Siemens derzeit in der Gründung befindliche Bank, die generell die Refinanzierungssituation des Unternehmens verbessern sollen.

Vorteile aus der Finanzierung über eine Captive

Die Vorteile einer Captive gegenüber dem Bezug von Krediten über andere Banken bzw. direkt über den Finanzmarkt liegen auf der Hand:

- **Kosten:** Ein Teil der Kreditkosten bei Aufnahme über Dritte stellt natürlich deren eigene Marge dar. Diese Marge kann beim Betreiben einer Captive eingespart werden.
- **Flexibilität:** Bei günstigen Refinanzierungsbedingungen (z. B. geringe Zinsen, hohes Kreditangebot) kann eine Captive deutlich schneller reagieren und sofort einen großen Teil des aktuellen und zukünftigen Kreditbedarfs eindecken. Bei ungünstigen Refinanzierungsbedingungen (z. B. hohe Zinsen, Kreditklemme) kann eine Captive mehr Möglichkeiten ausschöpfen, um den Refinanzierungsbedarf zu decken, beispielsweise

unter Rückgriff auf verschiedene Finanzierungsinstrumente (wie Ausgabe von Anleihen, Verbriefungen) oder die Hinterlegung von offenmarkt-tauglichen Wertpapieren bei der EZB.
- **Einfachere Kreditversorgung**: Die Kreditaufnahme über Banken oder über den Kapitalmarkt ist für Unternehmen mit einem nicht unerheblichen internen Aufwand verbunden. Es müssen eine Reihe risikorelevanter Informationen aufbereitet und den potentiellen Gläubigern zur Verfügung gestellt werden. Dieser Aufwand entfällt natürlich beim Betreiben einer Captive.
- **Absatzfinanzierung**: Idealerweise übernimmt die Captive nicht nur die Finanzierung des Mutterkonzernes, sondern nutzt die bereits erworbene Banklizenz auch zur Absatzfinanzierung der hergestellten Produkte. Dabei ist es egal, ob es sich um Waschmaschinen, PKW oder Industrieanlagen handelt. Diese Kombination aus Produkt und Finanzierungslösung erfreut sich seit Jahren steigender Beliebtheit. (2)

Anforderungen an eine Captive

Die gesetzlichen und regulatorischen Anforderungen

an eine Captive sind grundsätzlich dieselben wie die an eine Bank. Das Kreditwesengesetz (KWG) ist in diesem Zusammenhang das wichtigste Gesetz im Bezug auf die Kreditdienstleistungen. Es regelt alle Fragen: von den Gründungsvoraussetzungen, den laufenden Berichtsanforderungen, den Kapitalanforderungen, den Liquiditätsanforderungen, den Anforderungen an interne Prozesse und an die Belegschaft. Es wird ergänzt und konkretisiert durch eine Reihe von Verordnungen, von denen im Folgenden nur die wichtigsten genannt werden:

- **die Solvabilitätsverordnung** (SolvV). Sie beschreibt im Detail die Methoden zur Ermittlung der aufsichtsrechtlichen Kapitalanforderungen für Kredit-, Markt- und operationelle Risiken, sowie zur Ermittlung angemessener Eigenmittel.
- **die Groß- und Millionenkreditverordnung** (GroMiKV). Sie definiert die Obergrenzen für einzelne Kredite an Großkunden und die sich daraus ergebenden Meldeanforderungen.
- **die Mindestanforderungen an das Risikomanagement** (MaRisk). In ihnen sind die Anforderungen an die Organisation, die Prozesse, Mitarbeiter und IT-Systeme geregelt, die im Zusammenhang mit der Erfassung und Steuerung wesentlicher Bankrisiken stehen.
- Daneben gibt es eine Vielzahl weiterer

Verordnungen, die sich mit Themen des Verbraucherschutzes, der Geldwäschebekämpfung oder der Verhinderung von Terrorismusfinanzierung befassen, auf die hier aber nicht näher eingegangen wird.(5)

Größte Herausforderung: die Großkreditgrenzen

Eine der größten Herausforderungen beim Einsatz einer Captive sind die zu beachtenden Großkreditgrenzen. Ganz bewusst schreibt der Gesetzgeber den Banken vor, dass ein Kredit an einen einzelnen Kunden nie mehr als 25 Prozent der Eigenmittel übersteigen darf; handelt es sich um ein verbundenes Unternehmen, dann sogar nur 20 Prozent. Gerade die letzte Einschränkung richtet sich vor allem an Captives. Es soll so verhindert werden, dass sich Unternehmen, die sonst nur schwer an Kredite kommen würden, über den Umweg einer eigenen Bank Geld beschaffen. Dieses Gesetz soll zum einen jede einzelne Bank vor einem Klumpenrisiko (einer kumulativen Häufung von Ausfallrisiken) schützen, aber insgesamt auch das Finanzsystem stabiler machen.
Gerade hier zeichnet sich jedoch eine Lockerung ab: der aktuelle Vorschlag für eine Gesetzesänderung sieht vor, dass ab Ende 2010 das 20-Prozent-Limit

entfällt. Vor diesem Hintergrund ist es wieder deutlich attraktiver eine Captive zu gründen, als bisher. (3), (4)

Trends

Europäischer Pass - Erleichterung des innereuropäischen Erbringens von Finanzdienstleistungen

Mit dem bereits 1992 eingeführten "Europäischen Pass" bedürfen Kreditinstitute, die in einem EG-Mitgliedsstaat zugelassen sind, für ihr Geschäft in anderen EG-Mitgliedsstaaten keiner gesonderten Zulassung mehr. Es können so im Gastland sogar Finanzdienstleistungen erbracht werden, für die dort normalerweise eine Erlaubnispflicht besteht, während sie im Heimatland erlaubnisfrei sind (dies ist besonders bei Leasing- und Factoring-Geschäften relevant). Der Grund für diese Regelung ist, dass das Aufsichtsregime europaweit vereinheitlicht werden soll, dass bis zu dieser Vereinheitlichung aber das Prinzip der Herkunftslandkontrolle gilt, d.h. es ist stets die Aufsicht des Sitzlandes der Muttergesellschaft zuständig. Diese Tatsache können sich vor allem Captives zunutze machen, zum einen

bei der Wahl des Sitzlandes, zum anderen bei der geschickten Gründung von Tochtergesellschaften und Zweigstellen im Ausland. (5)
Während es für etablierte Banken aufgrund gewachsener Strukturen kaum rentabel war, umzustrukturieren, um die Möglichkeiten des Europäischen Passes auszunutzen, könnten die deutlich kleineren und flexibleren Captives mit geringem Aufwand davon profitieren.

Fallbeispiele

Siemens will eigene Bank gründen

Möglicherweise als Reaktion auf die Finanzkrise, möglicherweise aber auch aus ganz anderen Gründen hat Siemens nun angekündigt, selbst eine Bank zu gründen. Der Elektronikkonzern und Anlagenbauer will stärkeren Einfluss auf Absatzfinanzierungen, Währungssicherungen und die Anlage von Liquidität ausüben.
Dieser Schritt stellt gleichzeitig ein Misstrauensvotum gegen die gesamte Bankbranche dar, denn Siemens leidet nicht wie andere Unternehmen an einer Kreditknappheit sondern wendet sich aus freien Stücken von einer Branche ab, die der Gier eine höhere Priorität einräumt als der

Finanzierung einer real produzierenden Wirtschaft. Durch diesen Schritt könnte Siemens zum Vorbild für andere Unternehmen werden. (1)

Konsolidierung in der Leasing-Branche - Captives möglicherweise die Gewinner

Für herstellergebundene Leasing-Gesellschaften ist es 2010 schwieriger geworden. Anders als Captives, die das Bankgeschäft betreiben, richtet sich das Dienstleistungsangebot der Leasing-Captives direkt an die Endkunden. In der Automobilbranche sind dies im privaten Bereich einzelne Leasingfahrzeuge und im gewerblichen Bereich die Fuhrparks von Unternehmen. Aufgrund der Abwrackprämie sind die Restwerte von Gebrauchtwagen so stark gefallen, dass ein starker Konkurrenzkampf im Leasing-Geschäft entbrannt ist. Für viele der herstellerunabhängigen Leasing-Gesellschafen bedeutete das bereits das Aus. Leiden mussten auch die Leasing-Captives der Automobilhersteller, aber sie können aus der Marktbereinigung gestärkt hervorgehen, weil sie über die Mutterunternehmen größere Puffer haben. (6)

Weiterführende Literatur

(1) Ohrfeige für die Banken
aus Frankfurter Allgemeine Zeitung, 29.06.2010, Nr. 147, S. 16

(2) Herausforderungen und Trends automobiler Finanzdienstleistung Autobanken als Absatzförderer
aus Finanzierung Leasing Factoring, Heft 04/2010, S. 184-187

(3) Aktuelle Regulierungsbestrebungen - ausreichend oder Optimierungsbedarf?
aus Zeitschrift für das gesamte Kreditwesen 13 vom 01.07.2010 Seite 669

(4) Die Regulierungsflut beherrschen
aus Die Bank, Heft 05/2010, S. 48-52

(5) 35 Jahre Regulierung-eine Bilanz mit Ausblick
aus Zeitschrift für das gesamte Kreditwesen 08 vom 15.04.2010 Seite 382

(6) Riskante Wette
aus WirtschaftsWoche NR. 015 VOM 12.04.2010 SEITE 062

Impressum

Selber machen - die Finanzierung über eine Captive als clevere Alternative

Bibliografische Information der deutschen Nationalbibliothek

Die Deutsche Nationalbibliothek verzeichnet diese Publikation in der deutschen Nationalbibliografie; detaillierte bibliografische Daten sind im Internet über http://dnb.d-nb.de abrufbar.

ISBN: 978-3-7379-0499-5

© 2015 GBI-Genios Deutsche Wirtschaftsdatenbank GmbH, Freischützstraße 96, 81927 München, www.genios.de

Alle Rechte vorbehalten. Dieses Werk ist einschließlich aller seiner Teile – z.B. Texte, Tabellen und Grafiken - urheberrechtlich geschützt. Jede Verwertung außerhalb der Grenzen des Urheberrechtsgesetzes bedarf der vorherigen Zustimmung des Verlags. Dies gilt insbesondere auch für auszugsweise Nachdrucke, fotomechanische

Vervielfältigungen (Fotokopie/Mikroskopie), Übersetzungen, Auswertungen durch Datenbanken oder ähnliche Einrichtungen und die Einspeicherung und Verarbeitung in elektronischen Systemen.